Meditación
sobre el libro de
Jonás

Divo Barsotti

Meditación sobre el libro de Jonás

SAN PABLO

© SAN PABLO 2025
   Protasio Gómez, 11-15. 28027 Madrid
   Tel. 917 425 113
   secretaria.edit@sanpablo.es - www.sanpablo.es
© Edizioni San Paolo s.r.l., Cinisello Balsamo (Milán), 2023

Título original: *Meditazione sul libro di Giona*
Traducido por Juan Antonio Carrera Páramo, SSP

Distribución: SAN PABLO. División Comercial
Resina, 1. 28021 Madrid
Tel. 917 987 375
ventas@sanpablo.es
ISBN: 978-84-285-7248-4
Depósito legal: M. 15-2025
Impreso en Artes Gráficas Gar.Vi. 28970 Humanes (Madrid)
Printed in Spain. Impreso en España

*A mi querido staretz
Giovanni d'Ambrosi, de los PP. Cavanis,
en señal de veneración y afecto.*

Prólogo
de Marco Settembrini

La nueva publicación del denso comentario
de Divo Barsotti sobre el pequeño libro de
Jonás, publicado por primera vez en 1967
(Editrice Queriniana, Brescia), relanza ideas
y reflexiones beneficiosas para el contexto
sociopolítico actual. Tras haber superado
la pandemia del Coronavirus, actualmen-
te se piensa en la «policrisis» que afecta a
los continentes, encontrando motivos de
perplejidad en el cambio climático que pa-
decemos, en la guerra ruso-ucraniana y en
posibles avances de la inteligencia artificial
que podrían socavar la confianza en el futuro. La mirada del sacerdote de Settignano,
fijada en el texto bíblico, consigue despertar

en el lector un sentido de responsabilidad y una esperanza razonable.

Jonás, uno de los doce profetas menores recogidos en el rollo del mismo nombre, es el protagonista de unas páginas, principalmente en prosa, que atribuyen al hijo de Amitay (ya mencionado en tiempos del rey Jeroboán II en 2Re 14,25) unos acontecimientos ambientados en Nínive. Aunque hay que situar al antiguo profeta en el siglo VIII a.C., los hechos que se le atribuyen podrían haber sido escritos en los siglos V-IV a.C., ya que se ofrece como una manifestación de las concepciones desarrolladas en el posexilio sobre el significado global de la profecía.

Nínive, capital del Imperio neoasirio desde el 704 a.C. hasta su ruina en el 612 a.C., siguió siendo famosa por las riquezas allí acumuladas y por las imponentes murallas que se extendían a lo largo de 12 km. Por un lado, la ciudad sigue sirviendo de símbolo de todo temible centro de poder y, por otro, adquiere las dimensiones de un monstruo sometido a Dios. Con sus gigantescas dimensiones (tres días para atravesarla sugieren un diámetro de unos ¡75 km!), se asemeja al enorme pez que se traga a Jonás y lo mantiene prisionero hasta que el Señor le ordena que lo devuelva sano y salvo a la playa.

El profeta entabla un diálogo con los gentiles: de este modo debe reconocer, primero, la bondad del alma de los marineros a los que pone en peligro y, después, la inesperada humildad de la población ninivita, que comprende plenamente sus peticiones, aunque sean presentadas con indiferencia y en un idioma desconocido. El israelita debe estar persuadido de que su Dios «misericordioso y compasivo» (como afirma el pasaje programático de Éx 34,6) guía el camino histórico de todas las naciones y que sus fieles desempeñan un papel que supera su conciencia personal. El profeta, en particular, transmite una palabra de sorprendente eficacia. Es fundamentalmente una persona salvada de una muerte segura y, sin embargo, es portador de la salvación. Jonás, cuyo nombre significa «paloma», personifica brevemente a los profetas y al mismo tiempo al pueblo de Israel (cf Os 7,11), cuyo testimonio puede ser torpe y escaso pero, sin embargo, necesario y poderoso.

Con su estilo cercano, Divo Barsotti interpela directamente al lector, liberando a quienes hoy lo escuchan de la tentación de permanecer como espectadores en una especie de navegación privada a la que los recursos digitales pueden acostumbrar. Sus preguntas son apremiantes, según el espíritu de las Escrituras, concebidas precisamente para alentar la reflexión y la conversión: «Tú huyes, ¿a dónde? Tú huyes, ¿cómo?».

Procede así a contemplar la dimensión universalista de la profecía que concibe la historia dentro de un plan divino de misericordia. Se centra en la responsabilidad de los elegidos y en los fundamentos de la vida cristiana: «*Arrojarse al mar*, ¡qué expresión tan magnífica! Esta es la vida cristiana: debemos arrojarnos al mar, lanzarnos hacia delante». Reconociendo que las Escrituras de Israel anuncian a Cristo «y no solo a Jesús de Nazaret, sino al Cristo total, el Cristo que también somos nosotros», observa cómo el libro de Jonás arroja luz sobre la vocación de Israel, sobre la misión de Cristo y sus discípulos. Mientras Israel se sumerge en el mar Rojo y Jesús de Nazaret desciende al sepulcro, «Jonás responde a la misión recibida de Dios cuando parece ser tragado por el mal». «La Iglesia –escribe perspicazmente– parece vivir en el mundo para ser perseguida». Entonces, «Dios nos ayuda».

Resulta, por tanto, muy útil poder combinar herramientas más atentas a las implicaciones histórico-críticas de la Biblia con comentarios como este texto, que ayuda al lector a adentrarse en los pliegues del relato como coprotagonista.

Introducción

Antes de leer el texto del libro se impone una premisa que nos da la clave para su entendimiento.

Mientras tanto, nos preguntamos si el libro es histórico, ya que habla de ciertos acontecimientos, de una ciudad, de un profeta que tiene su propio nombre ya conocido por otros libros inspirados, de su misión. El libro tiene además relaciones con otros libros de la Sagrada Escritura, en particular con los libros de los Reyes, que nos hablan de la misión de Elías y Eliseo, y sobre todo con los libros de Jeremías y Ezequiel. La relación con otros libros puede ser una relación puramente literaria, pero también quizás es un signo de la historicidad del libro.

Sabemos que Dios conduce la historia de su pueblo no a través de acontecimientos totalmente diferentes, sino a través de acontecimientos que parecen repetirse, al tiempo que se vuelven más transparentes al anunciar el acontecimiento futuro, aquel hacia el que avanza toda la historia, preparándolo, imaginándolo, haciéndolo ya presente de alguna manera.

Puede ser que la referencia a los otros libros sea un recurso puramente literario; sin embargo, quizás sea un indicio histórico de lo que nos narra el propio libro. Cabe señalar que cuando el libro sagrado es una parábola, una alegoría, un texto apocalíptico o un relato (como el libro de Judit, el libro de Tobías, el libro de Job), la referencia a los acontecimientos de la historia judía no es tan precisa como en el libro de Jonás.

¿Tiene el libro de Jonás un carácter histórico? ¿O es una parábola, un cuento didáctico, un pequeño relato?

Elementos de historicidad del libro

Mientras tanto, señalemos aquellos elementos que podrían apoyar la tesis de la historicidad del libro. El argumento fundamental, de peso excepcional, es el hecho de que nuestro Señor se refiere al libro de Jonás: «De la misma manera que Jonás estuvo tres días y tres noches en el vientre del cetáceo, así estará el Hijo del hombre...» (Mt 12,38-40; cf Mt 16,4; Lc 11,29-32). Si habla de sí mismo, de su muerte y sepultura y luego de su resurrección, si ve en estos acontecimientos de su vida el cumplimiento de figuras del Antiguo Testamento, podemos pensar que, por históricas que sean la muerte de Jesús y su resurrección, así también es histórica la misión de Jonás, su caída al mar, su estancia durante tres días en el vientre del pez, y es histórica después la misión recibida de la conversión de los ninivitas.

Otros argumentos pueden apoyar esta prueba principal: sobre todo la referencia a Jonás como hijo de Amitay. El segundo libro de los Reyes (2Re 14,25) nos habla de un profeta Jonás, que sería hijo de Amitay, como el profeta Jonás de este libro. La referencia es demasiado precisa ya que solo hay un Amitay en las Sagradas Escrituras, y es el padre del profeta Jonás; no hay otros en todo el Antiguo Testamento.

La referencia, en el libro de Jonás, a aquel profeta que es ciertamente un personaje histórico y que anunció a Jeroboán II que extendería el reino de Israel como en tiempos de David, de modo que el reino de Israel alcanzaría bajo su reinado la máxima extensión, el esplendor más grande, sugiere que el autor inspirado quiere garantizar de alguna manera la historicidad de su libro. El profeta Jonás es indudablemente un personaje histórico al igual que Jeroboán; por otra parte, el segundo libro de los Reyes es un libro histórico. La referencia que el libro hace a este profeta sugeriría que se trata, también en el libro de Jonás, de una misión histórica, de un personaje histórico, de acontecimientos precisos.

La misma decepción del profeta hacia una Nínive que se salvó a pesar de las predicciones podría tener alguna relación con acontecimientos históricos pero, en este caso, la antigua ciudad de Nínive también podría simplemente ocultar el nombre de otra ciudad que oráculos proféticos, sin haberse cumplido posteriormente, habían prometido el exterminio. En este caso, el libro de Jonás, escrito ciertamente después del exilio, nos hace retroceder y atestigua el sentimiento de desconcierto y de consternación que sintió el pueblo judío ante un oráculo reconocido por Israel como una profecía verdadera, y que posteriormente no se cumplió.

Según los libros sagrados del judaísmo, una señal de la verdadera profecía es que la Palabra divina debe cumplirse teniendo una eficacia divina en sí misma, siendo palabra de Dios, es decir, una Palabra que crea. ¿Por qué esta Palabra no produce el evento que anuncia? Presagia desgracias y no suceden, anuncia desastres y en cambio todo queda como estaba. Quizás el libro no sea histórico en relación con acontecimientos lejanos, pero puede serlo en relación con otras ciudades y naciones, para las cuales los oráculos proféticos habían anunciado destrucción y fin, y sin embargo seguían floreciendo. En particular, se puede recordar la inesperada salvación de Tiro, que el profeta Ezequiel ya vio destruida en muy poco tiempo. Tiro ya había sido asediada durante doce años por Nabucodonosor, quien, después de mucho tiempo, tuvo que levantar el asedio y desistir de conquistar la ciudad. Tiro no cayó.

¿Expresa el libro de Jonás desilusión con respecto a este suceso? En este caso no se negaría la historicidad del libro. De hecho, debo decir que para mí el libro tiene elementos históricos que debemos saber resaltar.

El libro también es didáctico y profético

Es ante todo, por supuesto, un libro didáctico, pero también incluye elementos historicos amplificados, exagerados y presentados en forma de leyenda. Es un libro didáctico, pero tiene elementos históricos y es una profecía.

La Iglesia ha colocado con razón este libro entre los libros proféticos; incluso antes de la Iglesia, el judaísmo ya lo había situado entre ellos, no solo porque Jonás sería profeta (de hecho no hay oráculos proféticos en el libro), sino porque el libro en sí es profecía. No es solo una tesis, no es solo la demostración de una verdad. El libro es verdaderamente un anuncio profético. La palabra de Jesús confirma el carácter del libro, que no solo es didáctico sino ciertamente profético. Todo el libro es profecía: no porque Jonás haga oráculos con los que anuncia acontecimientos futuros, sino porque su misión misma, el cumplimiento y los resultados de su misión tienen un carácter altamente profético. Todo esto hace del libro una de las profecías más impresionantes de todo el Antiguo Testamento.

El libro de Jonás, diría yo, es esencialmente un libro didáctico y profético, aunque tiene elementos históricos. El carácter parabólico deriva, claramente, de la entonación misma del libro: es un libro satírico, un libro en el que el autor se burla de los judíos; es un poco como el libro de Judit, en el que la geografía y la historia son tan imaginarias que uno tiene que creer que el escritor quiere enseñar una verdad que no tiene nada que ver con la historia y la geografía. En el libro de Jonás los elementos históricos son más determinados y precisos, pero estos elementos son, como en el libro de Job, solo una mínima parte.

En definitiva, lo que hay de histórico es esto: que hubo un profeta que, tal vez, tenía una misión, como luego la tuvo Jeremías, hacia las naciones; es decir, no solo habló en nombre de Dios a la nación de Israel, sino que quizás también tuvo una misión para la salvación de algunas ciudades paganas. ¿Quién fue este profeta? ¿A qué naciones lo envió el Señor? ¡Dejémoslo! Lo importante es que Jonás, al igual que Jeremías, no solo fue enviado al pueblo de Israel sino también a las naciones. Israel en la profecía ya cumple una misión universal hacia todos los pueblos, todas las naciones.

Grandeza y unidad del libro de Jonás

Si el libro no es histórico sobre Jonás y Nínive, es histórico sobre la profecía. De hecho, el libro de Jonás no es un libro que nos cuenta la vida, los acontecimientos de un profeta; el libro toma el nombre de un profeta para hablar del profetismo en general.

Esta es la grandeza del libro de Jonás: en él se proclama la misión del pueblo de Israel como pueblo profético, y también se considera la reacción de las naciones ante la misión profética de Israel. En este sentido, el libro tiene su propio carácter histórico y su propio carácter profético. Histórico también para el profetismo del mismo Israel. De hecho, el profetismo también tenía una cierta función fuera de Israel, así como en

Israel: basta pensar en Eliseo yendo a Damasco para ungir al rey de Siria; basta pensar en Jeremías, respetado como hombre de Dios por Nabucodonosor, o al menos por su ejército, y que, mientras Israel es deportado, es dueño de su destino y puede ir a donde quiera, gracias al salvoconducto del jefe del ejército enemigo. Las naciones alrededor de Israel pueden oprimir a la nación, arruinar la ciudad, destruir el templo, deportar a sus reyes; pero los profetas, que fueron atacados, pisoteados y oprimidos por los reyes y el pueblo de Israel, son escuchados con reverencia por las naciones.

El carácter histórico del libro de Jonás, sin embargo, queda abrumado por su carácter profético. Ya en el profetismo, Israel ejerce una función universal, una misión que ejercerá hacia todas las naciones, porque el profetismo tiene su fin en Cristo, y en Cristo Israel se convierte verdaderamente en portador de la salvación universal.

Jonás es el profeta, no un profeta; su misión es la misión profética, que es misión de predicación de la penitencia, pero también ocasión, o más bien motivo, de la salvación, porque el anuncio de los desastres se convierte, en manos de Dios, en motivo de salvación. Mientras el día de Yavé, según Amós, Sofonías y los demás profetas, será el fin de las naciones, la destrucción del mundo, sin embargo, se convierte, con la venida de Cristo, en la salvación del mundo: «Dios no envió a su Hijo al mundo para condenar al mundo, sino para que el mundo se salve por él» (Jn 3,17).

No un profeta, por tanto, sino el profeta, no una misión, sino la misión profética. Y la ciudad de Nínive es el mundo pagano; y la relación entre el profeta, entre el pueblo de Israel y el pueblo pagano se ve precisamente en la relación de Jonás con los marineros, de Jonás con la ciudad de Nínive. Y también podemos ver, en el resultado final, la respuesta que dará Israel al cumplimiento de los planes divinos. Israel está decepcionado, rechaza el cumplimiento de los planes divinos: Dios ha engañado a Israel, no solo lo ha decepcionado sino que lo ha engañado; envió a Israel a anunciar la ruina y, en cambio, las naciones se salvaron. E Israel rechaza la salvación de las naciones y se aleja de la ciudad salvada, se va al desierto para ser quemado por el sol; Israel, en lugar de ser parte de la salvación, rechaza y se retira de esta salvación. El libro de Jonás resume todo el destino de Israel.

Otras características del libro

Pero no debemos adelantarnos a cuáles serán las conclusiones de nuestra meditación. Veamos más bien qué nos autoriza a decir que el libro de Jonás es un libro didáctico, qué nos autoriza a decir que es un libro profético.

El libro no puede ser histórico en sus detalles; de hecho, son precisamente los detalles los que nos autorizan a creer que el autor inspirado quiere presentarnos los acontecimientos de tal manera que no creamos en la historicidad del libro en un sentido literal.

Las inverosimilitudes se multiplican hasta el exceso. Mientras tanto, es cierto, no excluimos el milagro, pero excluimos los milagros gratuitos. ¿Cómo es posible que un hombre sea tragado por un pez y después de tres días sea arrojado sano y salvo a la playa? Es posible con la omnipotencia divina, ciertamente; pero esta posibilidad no es suficiente para hacernos aceptar un milagro sin razón.

La falta de una razón suficiente para el milagro nos hace sospechar. Jonás podría haber sido arrojado al mar y luego obtener una salvación inesperada, sin que tuvieran que multiplicarse los milagros más inverosímiles.

Aún más milagroso e ingenuo es lo que dice el libro sobre la misión: Jonás entra en la ciudad y grita: «Dentro de cuarenta días Nínive será destruida». Ante estas palabras, el rey también se levantó de su trono, se vistió de saco... ¿En nombre de quién dice Jonás estas palabras? ¿Nínive no cree en el Dios de Israel y basta que venga un hombre desconocido y extranjero y diga cinco palabras para que todos se conviertan? Esto nunca ha sucedido ni en Israel ni en el mundo cristiano. Savonarola acabó en la hoguera y Florencia es una ciudad pequeña; ¡Nínive tarda tres días en recorrerse en su totalidad! Es poco probable que se produzca una conversión total como esta.

Y la improbabilidad la subraya el autor inspirado. ¿Qué tienen que ver los animales para que ellos también tengan que ayunar y vestirse de saco? Todos los animales, gallinas, bueyes, burros... todos deben hacer penitencia, porque todos deben salvarse, y si no hacen penitencia, ¡ellos también estarán sujetos al castigo! Aquí no solo la inverosimilitud alcanza su máximo, sino que se descubre precisamente el carácter satírico y humorístico del autor inspirado.

Aspecto universalista del profetismo judío en Jonás

Lo que quiere enseñarnos no es tanto la historicidad del acontecimiento, sino la doctrina común de la profecía: la Historia es guiada por Dios y responde a un plan divino de misericordia; Dios quiere la salvación y la salvación de todos, y para esta salvación mueve a los hombres, elige a Israel; Israel no es elegido para la destrucción de los pueblos, sino para su salvación.

Todo el profetismo judío tiene un carácter universalista, pero su universalismo nunca es tan pleno como en este libro. El Dios de Israel no solo es el Dios de todas las naciones, sino que es un Dios que tiene misericordia, misericordia de todas las naciones. No hay diferencia, en su amor, entre Israel y otros pueblos; habrá una diferencia en la misión que cada pueblo debe tener y debe realizar en la historia humana, pero no puede haber una diferencia definitiva ante el Señor en cuanto al destino último de cada pueblo, porque el destino de todos es una salvación a la que Él llama a todos.

La enseñanza del libro también es profecía. El carácter profético viene confirmado por Cristo, quien no confirma la historicidad del libro, sino su carácter profético. No hay que suponer que las expresiones de Jesús quieran enseñarnos la historicidad del acontecimiento, sino que quieren indicar que el libro, inspirado por Dios, es una figura, una profecía de lo que se cumple en su persona.

Me parece que no hace falta ir más lejos. En efecto, si consideramos el libro de Jonás desde esta perspectiva, no hay otro libro en la Sagrada Escritura, especialmente en el Antiguo Testamento, que sea más luminosamente profético sobre Cristo. Precisamente porque el libro de Jonás resume, en cierto modo, toda la historia antigua, toda la historia de Israel en clave profética. El destino de Israel, sus pruebas, su destrucción, todo estaba en vista de una misión de salvación, una salvación que luego provocaría sus propios recelos, porque Israel preferiría rechazar su elección antes que aceptar esta salvación. Como su misión no lo convertía en el favorito entre todos, no le daba un lugar privilegiado en los planes divinos, sino que lo ponía en pie de igualdad con todas las demás naciones, este pueblo habría rechazado esta igualdad y, al rechazarla, estaba escapando por sí mismo de la salvación que había obtenido con su propia misión.

En este breve libro la vida civil de los comercios, el sistema estatal, la ciudad, el mismo culto religioso, todo pertenece a las naciones. No se menciona la tierra de Israel, ni la monarquía davídica, ni el culto: Israel no parece pertenecer solo al profetismo; pero el profetismo es solo de Israel. Toda la grandeza y la función de Israel es la misión profética.

Jonás menciona el templo dos veces en su oración. Pero el templo está lejos. ¿El deseo de volver a verlo es quizás solo la expresión viva y dolorosa de una esperanza de verlo reconstruido de sus ruinas? Todo hace suponer que el libro fue compuesto unas décadas después de la profecía de Ezequiel, cuando todavía estaba viva entre los exiliados la desilusión por la salvación de Tiro.

1
La misión del profeta
y su huida
(Jon 1,1-3)

¹El Señor dijo a Jonás, hijo de Amitay: ²«Levántate, vete a Nínive, la gran ciudad, y anúnciales que su maldad ha llegado hasta mí». ³Jonás partió, pero para huir a Tarsis, lejos del Señor.

Dios le habla al hombre

Estos versículos indican tres hechos: a) Dios se dirige al profeta; b) le asigna una misión; c) el profeta responde con su huida.

Estos tres hechos resumen toda la historia sagrada: la acción de Dios y la vida de Israel. Dios nos habla a través de los profetas. La palabra de Dios se dirige a Jonás, Dios entra en comunicación con el hombre. Dios no vive una soledad infinita y eterna, Dios ha quebrantado esta soledad para dirigirse al hombre. No es el hombre quien habla con Dios; el hombre no podría hablar con Dios si Él no le hubiera hablado primero. Es Dios quien primero le habla, es Dios quien primero quebranta el silencio, y en su Palabra atraviesa la distancia infinita que separa a la criatura del creador.

La palabra de Yavé fue dirigida a Jonás, a un hombre. De un lado está Dios, del otro está el hombre. Es solo la Palabra divina la que conecta los dos términos infinitamente distantes: por un lado, el inmenso, el creador, el que es; por el otro, un pobre, el hijo de Amitay. Decir «hijo de Amitay» no es darle un título de nobleza, más bien es simplemente mencionar la pobre condición humana de una criatura de un día. Y Dios establece una relación a través de su Palabra con esta criatura.

He aquí el misterio de la revelación divina: desde su silencio infinito, desde su eterna soledad, Dios se desborda en la creación a través de la Palabra que llama. Una Palabra se nos comunica a través de la creación, pero luego la Palabra se vuelve personal y se dirige al hombre, está llena de intencionalidad, es un mandato. No solo dice algo, sino que ordena, exige algo. Y lo que dice es mucho más importante que si Dios mismo está hablando. La Palabra ya instaura un encuentro: no solo dice que el hombre no es indiferente a Dios, sino que revela que lo que concierne al hombre toca a Dios directamente, atenta a la santidad divina. Una pobre criatura como el hombre puede perturbar la paz infinita de Dios.

Todas las criaturas están ante Dios

El libro de Jonás nos dice aún más en estos versículos. Israel estaba acostumbrado a pensar que Dios, al pactar con él, también se interesaba por sus cosas; Israel ciertamente sabía que Dios era el creador del cielo y de la tierra, pero no quería entender que todos los pueblos y todas las tierras no solo estaban bajo su dominio soberano, sino que eran ante Dios criaturas de su amor.

Esta es la primera novedad del libro de Jonás, la primera verdad inquietante que enseña a Israel. Novedad hasta cierto punto. En definitiva, Jonás no dice nada nuevo a Israel, porque lo que dice el libro de Jonás lo encontramos en otros libros, pero no se destaca tanto: la propia brevedad del libro significa que esta verdad ahora debe golpearlo e Israel no puede escapar de su luz que lo hiere en su orgullo.

El mensaje del libro es afirmar la verdad de una providencia divina que se extiende a todas las criaturas, a todos los pueblos. No solo afirma que todos los hombres tienen un precio ante Dios, sino también que el mal del israelita y el mal del pagano tocan la misma divinidad, la hieren hasta lo más profundo. Además, la palabra de Dios pone de relieve aquí otra verdad: la misión de Israel respecto de estos pueblos. Hasta ahora,

Israel estaba acostumbrado a pensar que no solo otros pueblos tenían que servirle, sino que, en última instancia, lo único que Dios debería haber hecho era destruirlos para que Israel pudiera reinar.

El profeta habla a las naciones

Esta, sin embargo, es la verdad que se afirma en las breves expresiones: que Israel vive para otros pueblos. Los profetas surgen en Israel e Israel es una nación constituida para llevar un mensaje a las naciones. El profeta, aquí, no habla a los reyes de Judá, a los reyes de Israel, no habla al pueblo de Judá y de Israel: está llamado a ser enviado a las naciones. Jeremías también es enviado, como profeta, a las naciones, y el siervo de Yavé, en el Deuteroisaías, también es visto como profeta para las naciones; y sin embargo ni Deuteroisaías ni Jeremías tienen una tarea tan precisa como la de Jonás, es decir, ir al centro del mundo pagano y hablar allí en nombre de Dios. También anuncian los castigos para las naciones o la inclusión de los pueblos en el pueblo de Israel, pero los demás profetas, cuando anuncian la Palabra divina, continúan anunciándola en Israel, en la tierra de Dios. Jonás, en cambio, debe salir de Israel e ir directo al corazón del mundo pagano.

Israel tiene el mandato de anunciar a Dios y de dar a Dios a las naciones. En efecto, cuando Israel quiere conservar exclusivamente para sí los dones que ha recibido de Dios y no quiere aceptar la misión de salvación llevada por Jesús a todos los pueblos, sino que quiere que el mesianismo sea solo a favor de Israel y en contra de Roma, Israel es condenado, rechazado, y las naciones entran en su lugar.

Dije anteriormente que el libro de Jonás, más que hablarnos de la misión particular de un profeta, es un libro profético que quiere enseñar, a través de una parábola, cuál es la misión de la nación de Israel, la cual debe predicar la penitencia y, por tanto, presupone conversión, *metanoia,* pero por eso es también anuncio de salvación universal.

«Levántate, vete a Nínive –dice el Señor–, la gran ciudad, y anúnciales que su maldad ha llegado hasta mí». Parece que la misión debe llevar al profeta no solo a la derrota, el fracaso, sino incluso a la inmolación, a la muerte. Un pobre judío tiene que ir a la «gran ciudad» de Nínive, una de las ciudades más grandes del mundo antiguo, hasta el punto de que, según dice más tarde el libro, le llevó tres días recorrerla. Un hombre que pertenece a un pueblo despreciado, que no tiene nada que pueda defenderlo, nada que pueda acreditarlo –nada, en realidad, le ayuda excepto la Palabra divina de la que es portador–, debe ir al centro de un país extraño y enemigo para anunciar algo ciertamente no muy agradable para esta ciudad: que será destruida, porque su maldad está en su apogeo. Debe anunciar la condena de la ciudad y su castigo. Estos anuncios no fueron muy agradables ni siquiera para el pueblo de Israel. Cuando los profetas anunciaron estas mismas calamidades y ruinas a su nación, nunca tuvieron buena suerte ni siquiera entre su propio pueblo. Y estas mismas calamidades deben ser anunciadas ahora a un pueblo más poderoso, mayor, enemigo de Israel e ignorante de Dios, ajeno a la religión de Yavé.

La respuesta de Jonás a la llamada divina

Lo que Dios pide realmente es mucho: es un desafío responder. Entendemos cómo Jonás, este pobre hombre, intenta escapar; todos hacemos esto. Y Jonás huye. Moisés había tratado de negociar con Dios, y Dios lo derrotó; con Jonás Dios vencerá a pesar de su huida. Moisés buscó motivos para evitar la vocación divina, para renunciar a la misión que Dios quería confiarle: «Señor, yo no tengo facilidad de palabra, ni anteriormente, ni desde que hablas a tu siervo; soy tardo en el hablar y torpe de lengua», y luego, ya sin argumentos: «Ay, Señor; envía al que quieras enviar» (cf Éx 4,10.13). Jonás ni siquiera contesta. De hecho, responde huyendo inmediatamente. El libro inspirado no registra ninguna respuesta en palabras del profeta; la única respuesta es escapar.

Debemos salvarnos a nosotros mismos; debemos escapar lo antes posible, no esperar... ¡No esperar a que el Señor nos hable! ¡Tan pronto como diga una palabra, hay que huir! Pero, ¿dónde escapar? ¿Dónde?... ¡Dios es terrible si solo lo escuchas! ¡Lo mejor es huir inmediatamente, porque no te salvarás de Él! El diablo te deja algo; todos te dejan algo; por eso es más fácil responder a todos que responder a Dios: Dios no te deja nada, te quema.

¡Y Jonás lo sabía! «Tengo que ir a Nínive para hablar de estas cosas... ¡Realmente tengo que ir allí! Díselo tú si quieres... ¿De verdad quieres utilizar a esta pobre criatura humana que soy para hacer cosas tan graves, para anunciar verdades tan pesadas y dolorosas?», parecía estar diciéndole Jonás al Señor.

¡En verdad, el Señor molesta demasiado! ¡Sería tan fácil para Él no ponernos en semejante riesgo, no exigirnos tanto! ¿Por qué quiere hacer a través de nosotros cosas que nosotros nunca haríamos, aunque pudiéramos, y mucho menos querer hacerlas en anticipación de lo que nos espera?

«Vete», le dice Dios, y la respuesta de Jonás es solo una: Jonás se pone en marcha inmediatamente. Parece, pues, que la respuesta está tan preparada como la de Abrahán. Dios le dijo a Abrahán: «Sal de tu tierra, de tu patria y de la casa de tu padre». También él, Jonás, sale; pero, añade inmediatamente el texto sagrado, sale para escaparse a Tarsis, lejos de Yavé. ¡Pobre hombre! Si el Señor lo envió a Nínive, esto ya indicaba no solo el dominio de Dios sobre toda la tierra, sino que también evidenciaba que Dios cuidaba, con una providencia muy especial, de cada pueblo. Dios estaba cerca de cada pueblo, Dios es el que habita en todas partes. Él lo llena todo consigo mismo.

¿Lo sabía Jonás? Él lo sabía y no lo sabía. Al respecto, los comentaristas dicen que la expresión «lejos del Señor» no significa que el autor inspirado crea que Dios habita solo en la tierra de Israel. Por supuesto, el autor inspirado no quiere decir esto; sin embargo, no excluyo que la expresión signifique precisamente que el profeta quería alejarse de Yavé. El autor empieza ya a burlarse un poco de Israel y sus profetas. Jonás creía que estaba huyendo de Dios, pero ¿cómo escapar? El Salmo 139 dice: «¿A dónde podría huir lejos de tu presencia? Si subo hasta los cielos, allí te encuentras tú; si bajo a los abismos, allí estás presente; si vuelo hasta el origen de la aurora, si me voy a lo último del mar, también allí tu mano me retiene y tu diestra me agarra. Si digo: "Las tinieblas me envuelven y la luz se ha hecho noche en torno a mí", tampoco las tinieblas son tinieblas para ti, ante ti la noche brilla como el día». Es imposible escapar de la presencia de Dios, donde quiera que esté.

Pero lo que dice precisamente la revelación no era lo que creía este pobre judío: en el fondo pensaba que podía defenderse ante las exigencias divinas. La misma insistencia de la expresión al final de la frase ya indica el deseo del autor inspirado de burlarse de Israel. Todo el libro de Jonás parece querer burlarse de los profetas que se quejan ante Dios de Israel, que no sabe aceptar el plan divino. ¡Es algo maravilloso en toda la Biblia, este pequeño libro, tan diferente de los demás, y tan grande!

Lejos de Yavé. ¡Pobre Jonás! Quiere alejarse de Yavé, pero ¿cómo lo hace?... El hombre siempre intenta escapar, ¿y no es esta la reacción de cada uno de nosotros cuando Dios nos llama? Mientras Dios no te llame, vas a la iglesia, te mantienes cerca del Señor, tal vez incluso quieras llevar una vida piadosa; pero cuando el Señor nos toma en serio y nos habla, entonces realmente surge el miedo; el miedo crece cuando se acerca, porque Dios es fuego y nos sentimos arder. ¡El Señor no se acerca impunemente a un alma!

Al menos estamos escaldados, si no quemados, y tratamos de defendernos, como si pudiéramos hacerlo ante un Dios al que nada resiste.

Tú huyes, ¿a dónde? Tú huyes, ¿cómo? Jonás piensa: «Si él me llama a Nínive, Nínive está al oriente, entonces iré al occidente, así pondré entre mí y Nínive todo el mar y todo el desierto». Entre Nínive y tú podrás poner el mar y el desierto, pero ¿qué pondrás entre tú y Dios? Esto es lo importante. Entre tú y lo que el Señor te manda puedes poner el mar, el desierto, pero ¿qué puedes poner entre tú y Dios? Dios viene contigo, está en ti, para glorificarte o para condenarte. De cualquier manera, te quema.

De hecho, Jonás pone el mar, el desierto, entre él y Nínive, pero no puede poner nada entre él y Dios: Dios lo encuentra donde quiera que vaya. Y Dios le golpea, le alcanza más de lo que le habría alcanzado si hubiera obedecido.

2
La tempestad
(Jon 1,1-16)

¹El Señor dijo a Jonás, hijo de Amitay: ²«Levántate, vete a Nínive, la gran ciudad, y anúnciales que su maldad ha llegado hasta mí». ³Jonás partió, pero para huir a Tarsis, lejos del Señor. Llegó a Jafa, donde encontró una nave que se dirigía a Tarsis; pagó su pasaje y se embarcó para ir con ellos a Tarsis, huyendo de la presencia del Señor. ⁴Pero el Señor desencadenó un fuerte viento sobre el mar, y hubo una borrasca tan violenta que parecía que la nave iba a hacerse pedazos. ⁵Los marineros, aterrados, comenzaron a invocar cada uno a su dios; luego echaron al mar la carga para aligerar el peso. Jonás, mientras tanto, se había bajado al fondo de la nave, se había acostado y dormía profundamente. ⁶El capitán se acercó a él y le dijo: «¿Qué haces aquí

durmiendo? Levántate e invoca a tu Dios; a lo mejor ese Dios se preocupa de nosotros y no pereceremos». [7]Luego los marineros se dijeron unos a otros: «Echemos suertes para saber quién es la causa de esta desgracia». Echaron suertes, y la suerte cayó en Jonás. [8]Entonces le dijeron: «Dinos el motivo de esta desventura. ¿Cuál es tu profesión? ¿De dónde vienes? ¿Cuál es tu país? ¿De qué pueblo eres?». [9]Él respondió: «Soy hebreo y adoro al Señor, Dios del cielo, que hizo el mar y la tierra». [10]Aquellos hombres, llenos de miedo, le dijeron: «¿Por qué has hecho esto?». (Por lo que había dicho sabían que huía de la presencia del Señor). [11]Luego le dijeron: «¿Qué tenemos que hacer contigo para que el mar se calme?», pues el mar se embravecía cada vez más. [12]Respondió: «Agarradme y tiradme al mar, y este se calmará, porque sé bien que por culpa mía os ha sobrevenido esta borrasca». [13]Los hombres trataron de alcanzar la costa a remo, pero en vano, porque el mar seguía encrespándose contra ellos. [14]Entonces clamaron al Señor y dijeron: «Señor, no nos hagas perecer por la vida de este hombre ni nos hagas responsables de sangre inocente, ya que tú, Señor, puedes hacer lo que quieras». [15]Luego agarraron a Jonás y lo tiraron al mar, y el mar se calmó. [16]Entonces aquellos hombres cobraron un gran respeto al Señor, le ofrecieron un sacrificio y le hicieron promesas[1].

---

[1] Toda la narración del barco sacudido por la tormenta y luego el cántico de Jonás en el capítulo siguiente recuerdan el capítulo veintisiete de Ezequiel, en el que el profeta anuncia la destrucción de la ciudad de Tiro, representada por un barco en medio de las olas de un mar agitado. De hecho, compárese esta página del libro de Jonás con el cántico y con los siguientes versículos de Ezequiel 27:

> [26]A alta mar te condujeron tus remeros.
> Y el viento de levante te destrozó
> en el corazón de los mares.
> [27]Tus riquezas, tus mercancías y tus fletes,
> tus marineros, tus pilotos,
> tus calafates, tus agentes comerciales,
> todos los guerreros que en ti van
> y la multitud inmensa que transportas
> se hundirán en el corazón de los mares
> el día de tu caída [...]
> [34]Mas ahora has sido tragada por las olas
> en lo profundo del mar;
> tus mercancías y tus hombres todos
> se fueron a pique contigo.

La rebelión del profeta

Dios le da a Israel una misión de salvación para toda la humanidad, e Israel se niega a llevarla a cabo. Celosos de su privilegio como pueblo elegido por Dios, no quieren participar en la salvación de otras naciones y, en lugar de responder a Dios, huyen. Dios envía a Jonás a Nínive y Jonás va a Tarsis, que por lo general se relaciona con España; es decir, del lejano oriente huye hacia occidente, poniendo entre Nínive y él el mar y el desierto. Este hombre no podría ponerse en peores condiciones para lograr lo que el Señor espera de él.

Y Jonás no solo huye, se hace a la mar para escapar del mandato divino, sino que avanza en su deseo de escapar de su misión hundiéndose en el sueño; además de la oposición voluntaria, busca el olvido, se hunde en el sueño y en la inconsciencia.

El tema del sueño es fundamental en la espiritualidad antigua y Dante Alighieri también lo menciona al inicio de la *Divina*

Comedia. El pecado es el «sueño» en el que cae el alma. Dormir, porque el hombre, una vez caído en el letargo, ya no tiene capacidad de escuchar la Palabra divina. Aunque el hombre huya, su conciencia permanece despierta en el remordimiento, todavía puede escuchar las llamadas de Dios, pero el sueño es la muerte de la conciencia, es la caída del hombre, no solo lejos de la tierra sagrada, sino verdaderamente lejos de Dios, que es puro espíritu y amor; lejos de Dios, que es luz; es como caer en la nada. Y Jonás cae en esa sombra de la nada que es el sueño.

Es realmente impresionante que un autor del judaísmo posexílico nos dé semejante descripción del alma de Israel. Aparte de la infidelidad proclamada por los antiguos profetas. Aquí, más que de la infidelidad de la esposa, estamos hablando de un hombre que cae al abismo de la nada. Israel, que fue llamado a ser portador de un mensaje de salvación universal, cae en la ruina; no solo no trae salvación a otros pueblos, sino que se hunde.

Jonás ha descendido al fondo del barco para no ver nada más, para no hablar más con nadie, y se hunde en el sueño como en la muerte.

Frente a la descripción de Israel, el pueblo elegido, que trae un mensaje profético de salvación universal, el libro describe ahora precisamente este mundo que Israel debe salvar. En el barco todos invocan a su Dios, mientras la tormenta arrecia. Dios no puede tolerar nuestro pecado. El hombre se abandona al sueño, pero para Dios la ruina del hombre nunca es irreparable. Nunca la ruina del hombre impide que Dios se conmueva, nunca el olvido del hombre y su pecado pueden ser una defensa contra su amor.

La llamada de los paganos

Dios desata la tormenta. Jonás se despierta. Pero no por sí solo. Es despertado por los marineros. El pecador no se recupera de su infidelidad, generalmente lo recuperan los demás. La tormenta es una oportunidad para que Jonás despierte de su sueño de cualquier forma. Y él también invoca a su Dios.

Jonás debe llevar un mensaje de salvación a Nínive. Ahora, sin embargo, son los paganos quienes sacuden a Jonás del sueño y lo despiertan nuevamente a la palabra de Dios y a sus propias responsabilidades, y le exigen que responda a estas responsabilidades, para que al menos reconozca su pecado e invoque la misericordia de Dios.

Se suponía que Jonás traería la salvación y él es salvado, salvado por aquellos a quienes se suponía que debía salvar. Juego de la divina providencia, de una providencia milagrosa, admirable, que se sirve de aquellos que son llamados enemigos de Dios para salvar a sus amigos, que en cambio están aún más sordos, más ciegos, más lejos de su Dios. ¡Admirable providencia de amor! No hay otro texto en el Antiguo Testamento que pueda darnos una mayor sensación de asombro que este breve capítulo del libro de Jonás.

La tormenta se desata y todos invocan a su Dios. El «suyo», no el Dios de Israel: estos marineros son, por tanto, paganos, ajenos a la elección divina, no son del pueblo de Israel. Jonás, que debía traer la salvación al pueblo de Nínive, se había solidarizado con el mundo pagano, con el mundo de los pecadores. Aunque es solidario con el mundo del pecado, el pecado de los demás no es tan grave como el suyo propio: Jonás se quedó dormido. Son los marineros los que sienten la señal de Dios en la tormenta e invocan a su Dios; invocan a Dios y Jonás calla; invocan a Dios y él duerme.

Son los paganos los que enseñan a Israel. ¿Alguna vez te has dado cuenta de esto? Cuántas veces la Iglesia, no como cuerpo místico de Cristo, sino como comunidad de fieles, ha sido despertada precisamente por aquellos que estaban lejos, por los pecadores, por aquellos que estaban fuera de ella y que creíamos réprobos. Estamos verdaderamente investidos de una misión hacia ellos y en cambio son ellos quienes cumplen una misión hacia nosotros, tan perezosos, tan apáticos, somnolientos, muertos. Pensemos en el gran servicio que prestó la Revolución francesa a la Iglesia, sin la cual el feudalismo no se habría derrumbado. Asimismo, si no hubiera surgido el protestantismo, tal vez no habría tenido lugar el concilio de Trento. Pensemos en el servicio que ha prestado el comunismo, tal vez despertando nuestra conciencia a la solidaridad con todos, a una verdadera fraternidad universal que supere toda barrera de nacionalidad y clase... y haga reinar en todo el pueblo cristiano ese amor que Cristo ha predicado hace dos mil años y que aún es desconocido, no para el mundo, sino para los propios cristianos, para aquellos que se llaman a sí mismos testigos de Cristo.

Jonás estaba durmiendo. Los marineros acuden a Jonás para despertarlo: «¿Qué haces aquí durmiendo? Levántate e invoca a tu Dios». El que es el único que lo sabe, no invoca a su Dios; el que es el único que tiene una relación con el Señor, no habla ni ora. Los demás no conocen a Dios, pero viven en la ansiedad, buscan, invocan al Señor a su manera: el que lo conoce, el que está marcado por Dios con un sello de predilección y de amor, duerme y no ora. «¿Qué haces aquí durmiendo? Levántate e invoca a tu Dios». Es el pagano infiel quien llama a Jonás a la oración.

La imagen de Israel en este libro es muy pobre. Pero qué imagen dan los cristianos, si el Antiguo Testamento sigue siendo válido también para ellos.

El valor de toda vida religiosa

Valdría la pena preguntarnos si la respuesta dada por Jonás a los marineros no pretendía sugerir alguna continuidad entre la religión de las naciones y la religión de Israel. Si esta fuera la enseñanza del libro, también tendría mayor valor doctrinal.

«Soy hebreo y adoro al Señor, Dios del cielo, que hizo el mar y la tierra», dice Jonás. El Dios de Israel es Yavé, pero Yavé, como en los libros sapienciales y en Deuteroisaías, es el Dios del cielo, que hizo el mar y la tierra. Más que recordar la historia sagrada de Israel y ser el Dios de la alianza, Yavé es el Dios de la creación.

Como en el Génesis, en el nombre del Dios Altísimo, creador del cielo y de la tierra (Gén 14,19), Abrahán puede unirse con Melquisedec –la religión de Abrahán, de hecho, no está en oposición a la religión del rey de Salem–, así aquí la religión de los marineros no es ciertamente la religión de Jonás, pero no hay oposición entre la una y la otra. Esto explicaría no solo que las naciones estuvieran sujetas a Yavé, como en Jeremías, sino también la misión de Jonás en Nínive en nombre de un Dios en quien los mismos ninivitas parecen creer y obedecer. No conocen a Yavé, pero lo veneran. Su religión no excluye la veneración y la obediencia al Dios verdadero...

Si Dios es único y es el creador, ¿no debería toda vida religiosa auténtica, incluso entre los errores del paganismo, honrar a Dios de alguna manera? De hecho, los marineros temen a Dios más que a Jonás, sienten consternación y terror por su pecado: «¿Por qué has hecho esto?».

La grave responsabilidad de los elegidos

Incluso Jonás despierta ahora de su letargo y reconoce su culpa. Los marineros intentan salvar el barco de la furia de la tormenta, pero luego se ven obligados a arrojar al profeta al mar. La culpa es suya. También esta enseñanza, ¡con qué dificultad la recordamos! Jonás tiene la culpa. Las tormentas no son el castigo por el pecado del mundo, sino por el pecado de los elegidos: el mal en el mundo es castigo por culpa de los cristianos. Debemos ser la sal de la tierra y la luz del mundo, y si el mundo está en tinieblas, si el mundo está corrupto, es culpa nuestra, precisamente porque no somos la luz, no somos la sal. ¿Por qué andamos buscando culpables?

Solo tenemos una cosa que hacer, solo se requiere una cosa: la humilde confesión de nuestro pecado. Todo el castigo recae sobre nosotros. Jonás también hace esto. Una vez despertado, finalmente sacudido por los marineros, reconoce su culpa: «Agarradme y tiradme al mar [...]. Sé bien que por culpa mía os ha sobrevenido esta tormenta». Así, con la confesión de su pecado y la humilde aceptación del castigo, Jonás vuelve a ser el instrumento de Dios.

El valor de la humildad en la experiencia religiosa

En efecto, ¿cómo puede el hombre convertirse en instrumento de Dios si no es confesando su propio pecado, reconociendo su propia indignidad y su propia responsabilidad por los males del mundo? Jonás obtiene una vez más una misión para la salvación de un pueblo, en el mismo momento en que dice estar dispuesto a sufrir el castigo:

«Agarradme y tiradme al mar». Y cuando Jonás fue arrojado al mar, vino la calma, el mar volvió a estar en calma...

Quizás sea precisamente esto lo que se nos pide a todos: arrojarnos al mar para silenciar la tormenta. No es nada cómodo, pero no hay nada que podamos hacer, eso es lo que se nos pide que hagamos. ¿Cuál es el precio que el cristiano debe pagar por la paz, por la vida de los hombres, si no su propia vida? Lanzarse al mar tempestuoso significaba morir: ¿Cómo podría Jonás salvarse arrojándose al poder de la tormenta, si era difícil salvarse en el barco? Esto es lo que se le pide al elegido. De ninguna otra manera cumplirás tu misión si no es muriendo, arrojándote al mar.

Jonás se tira al mar porque reconoce su culpa. ¿Y quién de nosotros no debería soportar el peso de la culpa, la nuestra y la de todos los demás? Si, como se ha dicho, los cristianos somos la luz del mundo y la sal de la tierra, en última instancia es sobre nosotros sobre quienes recae el peso de la culpa de todos. Reconocer el propio pecado, por tanto, significa también sufrir su castigo, aceptar la muerte. ¿Queremos la muerte? Mientras no la queramos, no somos capaces de responder a nuestra misión; hasta que no estemos dispuestos a aceptarla, no seremos instrumentos útiles en manos de Dios, capaces de realizar lo que Él nos pide.

La vida cristiana es un morir

El cristiano solo tiene ante sí una perspectiva, un ideal: Jesús crucificado por los pecados del mundo. Jesús, que tomó los pecados del mundo y murió en la cruz para salvarlo. Si hemos tenido un mensaje de salvación, lo llevaremos al mundo solo en nuestra inmolación, muriendo a nosotros mismos, viviendo una vida crucificada, arrojándonos al mar.

«Arrojarse al mar», ¡qué expresión tan magnífica! Esta es la vida cristiana: debemos arrojarnos al mar, lanzarnos hacia delante. Es como para el paracaidista tirarse del avión, como tirarse al abismo. ¿Se abrirá el paracaídas? En la vida cristiana ni siquiera sabemos si hay un paracaídas: o Dios pone ahí su mano y nos sostiene, o... el paracaídas no está. El acto del alma que verdaderamente se entrega a Dios es un acto de abandono total que trae consigo la muerte. Es cierto que la muerte será también resurrección –Jonás es tragado por el pez, pero luego es arrojado vivo a la playa–, pero la resurrección presupone la muerte: arrojarse es ante todo morir.

La vida cristiana es un morir por una resurrección, pero la resurrección sigue siendo siempre un milagro de la omnipotencia divina: lo que el alma ve, cuando se arroja, es solo la muerte inminente, su inmolación. Jonás, una vez arrojado al mar, no puede esperar su salvación más que por un milagro, por una intervención divina.

Así es en nuestra vida. Tirarnos: ¿estamos a salvo? Sí, podemos estar seguros de que sus manos nos llevarán de vuelta, pero son solo sus manos las que nos llevan de vuelta. La castidad es verdaderamente una muerte. Un morir, porque no experimentamos nuestra propia inmortalidad personal, solo la experimentamos en una cierta inmortalidad compensatoria, con la prolongación de nuestra vida física en nuestros hijos. ¿Qué vínculo hay entre cada madre, cada padre, en sus hijos? Precisamente la sensación de su prolongación en el tiempo. Tú, en cambio, debes sentir toda la angustia de tu final. En la castidad perfecta no hay extensiones: aquí y ahora llegas a la eternidad o no habrá salvación para ti nunca más. Tu inmortalidad está en el acto que vives; o llegas a Dios en este acto o nunca más lo alcanzarás.

También la obediencia es morir. El valor supremo del hombre es su libertad, y Dios te pide que se la regales. ¿A quién? ¿Por qué? Tú no lo sabes. Si al menos tu don tuviese un resultado, pero ni siquiera te da un resultado. Obedeces y no sale nada, obedeces y es como perderte sin compensación.

Estar desarraigado, sin seguridad... ¿no es esto también morir? Que esta muerte sea una condición de vida dependerá solo de Dios; debes abandonarte, arrojarte al mar.

Esto es lo que el Señor te pide si quieres responder a tu vocación; esto te pregunta si, humillándote y reconociendo tu pecado, quieres finalmente volver a la paz con Dios y también con los hombres y responder a una misión que has recibido y de la que en vano has intentado escapar.

3
La oración de Jonás
(Jon 2,1-11)

[1]El Señor hizo que un gran pez tragase a Jonás, y Jonás estuvo en el vientre del pez tres días y tres noches. [2]Desde el vientre del pez Jonás oró al Señor así:

[3]«Clamé al Señor en mi angustia,
y él me atendió;
desde el vientre del abismo grité,
tú escuchaste mi voz.
[4]Tú me arrojaste en el abismo,
en el fondo del mar,
y las olas me envolvieron;
todo tu oleaje, todas tus ondas
han pasado sobre mí.
[5]Yo dije:
¡Soy rechazado lejos de tus ojos!
¿Cómo podré volver a contemplar
tu santo templo?

⁶Las aguas me envolvían
hasta ahogarme,
el abismo se cerraba sobre mí,
las aguas enredaban mi cabeza.
⁷Bajaba hasta las raíces de los montes.
Yo ya me veía su eterno prisionero[2];
pero tú, Señor, Dios mío,
me salvaste de la muerte.
⁸En la angustia de mi alma
me acordé del Señor,
y mi oración llegó hasta ti,
hasta tu santo templo.
⁹Los que adoran vanos ídolos
dejan de ser leales.
¹⁰Pero yo en acción de gracias,
te ofreceré sacrificios
y cumpliré las promesas que te hice.

---

² Cf Ezequiel 26,19-20: «Cuando te haya reducido a un desierto, como las ciudades ya no habitadas, y se abalance sobre ti el océano y las aguas en masa te cubran, te precipitaré con los que han bajado a la fosa, con las generaciones del pasado; te haré habitar en las profundidades de la tierra, en las soledades perpetuas, con los que yacen en la fosa, a fin de que no seas restablecida nunca en la tierra de los vivos».

La salvación viene del Señor».
^{11}El Señor dio orden al pez,
el cual vomitó a Jonás en la playa.

Jonás, figura de Israel y de Cristo

Se trata de un capítulo muy extraño: está compuesto casi en su totalidad por un himno de acción de gracias: imploración, sí, invocación de ayuda, pero también acción de gracias en la certeza absoluta de una salvación final. El profeta no solo espera la ayuda de Dios y la invoca, sino que está seguro de ella y ya habla de la gloria con la que Dios querrá cubrirlo.

Por otro lado, no solo es extraño, o al menos lo parece, este himno de agradecimiento, sino que también lo es su composición: no hay ninguna referencia al pez y a la situación en la que se encontraría el profeta, si las expresiones que nos habían descrito cómo fue tragado por el pez debían tomarse literalmente.

¿Qué relación hay entre este himno de acción de gracias y el pez, que primero se traga al profeta y luego lo arroja de nuevo a la playa? Se habla de un gran peligro que corre el profeta y por el cual espera la salvación de Dios; se habla de un grave desastre que le ha acontecido, pero todo sigue siendo indeterminado; en el himno las expresiones no son tan precisas como en la narración de los hechos. Los marineros preguntan a Jonás qué ha hecho, saben que es culpable, le piden cuentas de su pecado, que también pone en peligro sus vidas. Cuando Jonás confiesa, intentan salvarlo yendo hacia la orilla; pero la fuerza de la tormenta los arrastra de nuevo a alta mar, por lo que los marineros se ven obligados a arrojar a Jonás, como víctima de propiciación, al mar. Entonces el mar se calma, pero Jonás es tragado por el pez.

Esta es la narración de los hechos. Ya se ha dicho que no es un libro histórico, sino un libro profético: a través de una parábola el autor inspirado quiere contarnos el misterio de la nación de Israel, nación profética, llamada a realizar una misión de salvación, a predicar un mensaje de salvación a todas las personas. Israel quiere rechazar su misión pero, a pesar de todo, Dios obliga a Israel.

Este es el objetivo del libro. El Nuevo Testamento hace referencia a este libro, que no es profético solo porque, a través de una parábola, el autor inspirado nos narra el destino de la nación de Israel, sino porque también nos dice el destino de la Iglesia. La Palabra inspirada, literalmente, nos narra la situación en la que se encuentra Israel o nos relata sus acontecimientos o nos habla de su piedad o nos revela el misterio de su elección, pero proféticamente anuncia siempre a Cristo, y no solo a Jesús de Nazaret, sino al Cristo total, el Cristo que también somos nosotros. Y el libro de Jonás, en su brevedad, puede iluminarnos más que ningún otro sobre Israel, pero también sobre Cristo y sobre nosotros.

Israel es tragado por el mar; sí, había rechazado a Dios, su propia misión, y Dios lo rechazó, lo arrojó al mar: la destrucción de Jerusalén, el exilio en Babilonia. La nación de Israel tuvo que descender al abismo, a la muerte; parecía como si fuera a terminar, a ser digerida por el pez; la desgracia que había caído sobre ella parecía como si fuera a destruirla... y, en cambio, en el vientre del pez, en el inframundo, en la muerte, Israel redescubrió a Dios, lo invocó. Y entonces resucita en su corazón la esperanza: Israel ha vuelto verdaderamente a ser el hijo primogénito, ha obtenido de nuevo la elección divina. Precisamente del exilio se levanta Israel como pueblo, para llevar la salvación a todos los pueblos de la tierra; precisamente del exilio, precisamente de esta desgracia, de este descenso al vientre del pez.

Esto también es cierto para nuestro Señor. No es que nuestro Señor rehusara su misión, sin embargo, él también, siervo de Yavé, tuvo que descender al vientre del pez, descender a los infiernos y luego resucitar: tres días y tres noches en el corazón de la tierra, y luego resucitar.

¿Quién es este pez? ¿Quién es este mar? ¿Qué significan estos tres días? ¿Qué significa eso de ser arrojado en la playa?

Quienes apenas conocen las Sagradas Escrituras lo saben fácilmente: Leviatán y Behemot son los enemigos de Dios, el mal en su personificación. El mar es ya el reino del mal, según la Sagrada Escritura; pero en el reino del mal también hay un rey, será Leviatán, el cocodrilo, o será el pez. El pez es precisamente la personificación del mal. El reino del mal en su inmensidad es el mar y el mal en su personificación es el pez.

¿Qué significa ser tragado por el pez y ser arrojado al mar? Significa esto: Jonás responde a la misión recibida de Dios cuando parece ser tragado por el mal, cuando se entrega al poder de las tinieblas y del maligno. En efecto, Israel cumple su misión de nación que lleva la salvación a todos los pueblos cuando, como dice el libro de Tobías, disperso por todas las naciones, proclama la unidad de Dios, da a conocer al Dios verdadero: en su dispersión realiza su misión.

Parece morir y en ese momento responde a su elección divina.

También nuestro Señor. Precisamente cuando se entrega al poder del príncipe de las tinieblas, vence; realiza la voluntad del Padre y salva al mundo.

Y esto también vale para la Iglesia, para el cristiano. La Iglesia parece vivir en el mundo para ser perseguida: esta es una de sus notas. Estamos, dice san Pablo, indefensos, a merced de todos los enemigos; mortificados, castigados, en todos los peligros, en el poder del mal. Parece que Dios priva a la Iglesia de todo su apoyo, quiere que recaiga sobre ella el peso de todos los pecados. El mal la tiene en su poder.

El significado de la vida cristiana

Esta es también la vida del cristiano. Cuántas veces escuchamos a ciertos cristianos decir que Dios no es justo... «Los que nunca vienen a la iglesia dicen que están bien, todo está a su favor; pero a mí me sucede una tras otra, sin fin...». Pero esto es lo que Dios te promete. Ser cristiano significa estar abandonado al poder del mal. El bautismo es como ser sepultados con Cristo en la muerte y resucitar. Pero el bautismo no se experimenta solo al recibir el sacramento. Por supuesto, en el primer acto experimentas la muerte y la resurrección de Cristo, en el momento mismo en que recibes el bautismo; pero la gracia del sacramento requiere que este misterio opere a lo largo de toda tu vida, y que toda tu vida sea tu hundimiento en la muerte y al mismo tiempo tu resurrección, tu ascensión a Dios. Ser bautizados significa ser abandonados al maligno como víctimas de propiciación para la salvación del mundo; es ser arrojados al desierto, como el «chivo expiatorio» sobre el que cae el peso del pecado de las naciones y es abandonado en el desierto, entre las fieras.

La muerte puede recibir nuestro consentimiento, del mismo modo que puede enfrentar nuestra resistencia. Pero ser abandonado a la muerte es nuestro destino y precede a nuestro consentimiento. No somos nosotros los que nos abandonamos libremente a la muerte, es Dios quien nos abandona al dolor, a la enfermedad, a la muerte, para que en nuestra flaqueza sea glorificada la virtud de Cristo, como dice san Pablo. Precisamente porque estamos abandonados a la enfermedad, a la persecución, al mal, puede revelarse en nosotros una fuerza mayor, la fuerza de Cristo. Una fuerza que no nos impide morir, pero que hace que la muerte se convierta en principio de vida y causa de salvación para nosotros y para los demás. Así se veía el bautismo en la Iglesia cristiana. El hombre cobra vida a través de la muerte y el paso por la muerte es también para el cristiano una inmersión en el agua, que es el símbolo del reino de la muerte, para luego emerger a una vida nueva. Por este motivo, la historia de Jonás en la tradición cristiana ha sido frecuentemente vinculada a la muerte de Cristo, pero también al bautismo.

Y el cántico de Jonás ha adquirido así un carácter bautismal. El cántico de Moisés celebra, en la travesía del mar (Éx 15), la salvación de Israel. El cántico de Jonás anuncia específicamente su futura salvación, y no solo la suya. En efecto, en la salvación de un hombre está la salvación de todos: de Israel y de las naciones. No solo debemos ver la historia de las desgracias que le suceden a un hombre, que le hacen acudir a Dios pidiendo ayuda; es a nivel superficial y externo que podemos interpretar este cántico de esta manera. Es un cántico que celebra el misterio de una elección de Dios, que involucra a Jonás siendo abandonado al poder del mal para ser la salvación del barco y de los marineros.

Parece que el mal tiene todo el poder sobre nosotros. Es una perspectiva realmente hermosa... es hermosa, porque todo el poder del mal no es tal como para poder impedirnos la resurrección; de hecho, en este abandono al mal, liberamos al mundo de su esclavitud, merecemos la salvación de todos. Es en nuestra inmolación que el mundo se salva. Por supuesto, en la inmolación de Cristo; pero el misterio de Cristo, como se anticipa en la profecía de Jonás, continúa y se prolonga en la participación de los cristianos. Si el libro de Jonás no es histórico en cuanto a los acontecimientos narrados, lo es en el sentido de que interpreta toda la historia de Israel y la ve proféticamente dirigida a un acontecimiento, que es el de la muerte de Cristo. La historia de Israel tiene un significado en relación con ese suceso, tal como tiene sentido en relación con ese suceso toda la historia del mundo. Ni siquiera sé qué sería de la Historia sin ese acontecimiento, que es el único que da a toda la vida de los hombres un contenido inteligible y real.

Así, la historia de Israel, como la nuestra, se vuelve inteligible en referencia a Cristo, o más bien a su muerte.

Jonás es tragado por el pez y permanece en él durante tres días y tres noches. Tres días y tres noches son la vida presente. La resurrección es al amanecer del tercer día, que es el día después del sábado, el día de la eternidad. La resurrección comienza con la apertura de la eternidad, con el fin de los tiempos.

Un misterio grandioso es el que revela el segundo capítulo del libro de Jonás. El castigo que debería haber caído sobre Nínive –ser tragado por el mar, ser entregado a merced de la muerte– recae, en lugar de en Nínive, sobre el profeta. Y el profeta, que reemplaza a Nínive en la carga del castigo, es también quien libera a la ciudad de su destino de muerte. El castigo que debe anunciar al mundo cae sobre el profeta, y el mundo se salva. El mar está tranquilo cuando Jonás desciende a sus remolinos, se calma, y Nínive ya no es destruida. Pero Jonás, desde lo más profundo de su ser, alza su voz a Dios.

Jonás comienza a ser el profeta que responde a su misión cuando les dice a los marineros que lo arrojen al mar; continúa ejerciendo su misión ahora que, echado al mar, devorado por el pez, eleva un cántico de invocación y de acción de gracias a Dios; ahora que, habiendo caído al mar, sigue teniendo fe. En las tinieblas, en medio de las olas, descendió al abismo, al vientre del pez, su alma afirma su fe en aquel que le llamó, no deja de tener esperanza, confía.

Todo esto es obra del hombre: creer. Creer a pesar de todo. Parece que todo es muerte y, en cambio, en el fondo del mar, en la oscuridad, en el vientre del pez, un alma reza. Esto salva al mundo: en el corazón del mundo, en el corazón del mal, en el reino de las tinieblas, el corazón cristiano invoca a Dios. Así, preso de la agonía y de la muerte, Cristo en la cruz clama: «Dios mío, Dios mío, ¿por qué me has abandonado?». Y permanece en agonía hasta el fin del mundo.

La oración es el corazón del mundo. La oración permanece escondida, el acto de fe parece tapiado en el vientre del pez. Sin embargo, el acto de fe, el grito de la oración rompe los muros, se eleva hacia Dios. Es rompiendo estos muros que cierran el mundo en su pecado como el hombre se vuelve capaz de acoger una gracia de misericordia, una salvación que desciende de lo alto.

El destino del elegido

«El Señor dio orden al pez, el cual vomitó a Jonás en la playa». Siento que no he dicho lo suficiente porque es tal la profundidad de las cosas que quisiera decir que mis palabras parecen como aceite sobre agua; ni siquiera tocan la verdad que se vislumbra. Quisiera insistir en el misterio de este abandono al maligno. No somos nosotros quienes nos abandonamos; es por nuestro bautismo. Así como somos hijos de Dios, también somos víctimas de la propiciación, somos el chivo expiatorio entregado al poder del maligno. La elección es un hecho que precede a toda nuestra voluntad. Es Dios quien nos llama. Estamos en Cristo. Entonces somos entregados en manos del diablo, como Jesús. Qué misterio... Dice el evangelio de san Mateo:

«Luego el diablo lo llevó a la ciudad santa y lo subió al alero del templo» (Mt 4,5). El Hijo de Dios está en las manos del maligno. Y todavía es entregado en las manos del maligno durante la pasión. Pero nuestro consentimiento debe intervenir, como en Jonás.

Es abandonándonos al maligno como salvamos al mundo, precisamente sufriendo el odio de Satanás hacia nosotros. Si el cristiano no experimentara humillaciones, insultos, persecuciones y muerte, no continuaría el misterio de Cristo; para Orígenes sería el fin del mundo. Pero este es el destino del cristiano: ser arrojado al mar, ser tragado por el pez, para que en el vientre del pez, desde el abismo de las tinieblas y de la muerte, brote de nuestro corazón el grito de la esperanza, el grito de una fe victoriosa, que alaba ya a Dios por una salvación que está por venir.

Este es el misterio de la vida de la Iglesia, el misterio de la vida del cristiano: Jonás vive tres días en el vientre del pez y anuncia proféticamente a Cristo y le anuncia también proféticamente a la Iglesia el destino de cada uno de los elegidos por Dios. Él también vive sus tres días en el fondo de los remolinos de un mar que parece borrar toda vida, sumergirlo todo, sepultar a todos en un caos informe. El mal puede tragarse al profeta, pero el profeta es alimento indigerible. El pez no pudo digerir a Jonás; el mundo nunca podrá digerir a Cristo, la Iglesia: Jesús desciende a los infiernos, pero el infierno no podrá encerrar a Cristo; desciende al inframundo, pero el inframundo tendrá que rechazarlo por sí mismo. Y Jesús, brillando en la gloria de la resurrección, sale del sepulcro para no morir nunca más.

4
La conversión de Nínive
(Jon 3,1-10)

[1]De nuevo el Señor dijo a Jonás: [2]«Levántate, vete a Nínive, la gran ciudad, a predicar lo que yo te diga». [3]Jonás se puso en marcha y se dirigió a Nínive, conforme a la orden del Señor. Nínive era una ciudad extraordinariamente grande; para recorrerla hacían falta tres días. [4]Jonás entró en la ciudad, caminando durante una jornada y predicando así: «Dentro de cuarenta días Nínive será destruida». [4,5: Jonás salió de la ciudad y se estableció al oriente de la misma, donde se hizo una cabaña y se sentó a su sombra hasta ver qué sucedía a la ciudad]. [5]Los ninivitas creyeron a Dios y ordenaron un ayuno; se vistieron de saco chicos y grandes. [6]El rey de

Nínive, al enterarse, se levantó de su trono, se quitó el manto, se vistió de saco y se sentó en el suelo. [7]Y por orden del rey y de sus magnates se publicó en Nínive este bando: «Hombres y bestias, ganado mayor y menor no probarán bocado, no pastarán ni beberán agua. [8]Que se cubran de saco los hombres y los animales, y que invoquen a Dios con fuerza; que cada uno se convierta de su mala conducta y de la violencia de sus manos. [9]A lo mejor Dios cambia de parecer, se aplaca el ardor de su ira y no perecemos». [10]Al ver Dios lo que hacían y cómo se habían convertido de su mala conducta, tuvo compasión de ellos y no llevó a cabo el mal con el que los había amenazado.

La misión de la Iglesia

El libro de Jonás no es solo un libro que resume todo el Antiguo Testamento contándonos cuál es la misión de Israel entre los pueblos, también es un libro profético y, como ya se ha dicho, nos enseña cuál será la misión de la Iglesia, esto es, la misión misma de Cristo.

Ahora, así como los días de Jonás en el vientre del pez y su regreso a la orilla del mar son una profecía de lo que sucedería en Cristo, así también la predicación de Jonás es una profecía de la «buena nueva» que ya no se lleva solo a Israel, sino a todas las naciones. «Id por todo el mundo y predicad el evangelio –la buena nueva– a toda criatura» (Mc 16,15). ¿Qué buena nueva? La de una posibilidad de salvación para una conversión que debería haber cumplido el mensaje de Dios en el mundo.

Por tanto, la vida de la Iglesia se anuncia proféticamente en este capítulo. Tiene una sola misión: la de llevar a todos los pueblos un anuncio, el anuncio del fin. El fin se avecina, la última hora ha llegado: esto es lo que dicen los primeros cristianos y esto es lo que afirma todo cristiano que cree. A causa del pecado, todo cae en la nada, en el vacío, en la muerte.

«Quién sabe, tal vez Dios se arrepienta»... Sabemos que Dios se arrepiente, si tú te arrepientes; que Dios vuelve a su decisión, si tú vuelves a su voluntad. De hecho, el anuncio que dan los apóstoles de la segunda venida de Cristo, el anuncio del fin del mundo, es también el anuncio de la salvación; es la buena noticia. Por tanto, la buena nueva, que es anuncio de la salvación, no puede separarse del anuncio del fin. La salvación no es más que una resurrección; presupone, por tanto, la muerte, una muerte que Dios te dará, si no quieres dártela a ti mismo. El fin del mundo, el juicio de Dios sobre esta creación, se precipita en la medida en que el mundo escapa a la necesidad de una *metanoia,* a la necesidad de una conversión, de una ruptura, del fin del mal. O mueres, o Dios mismo te somete a la muerte; o aceptas libremente con arrepentimiento romper con tu vida anterior, o Dios mismo pensará en romper tu vida y destrozarla.

Por tanto, el juicio que el hombre hace de su propia vida, nuestro morir a nosotros mismos, nuestro arrepentimiento, nuestra *metanoia,* son ya una salida a la muerte. Ya no morimos. Hicimos el juicio sobre nuestras vidas y Dios no lo volverá a hacer. Si te juzgas a ti mismo, Dios te salva; pero si quieres escapar de tu propio juicio y no quieres condenarte, es Dios quien te condena y no hay para ti remisión.

La salvación de los hombres depende esencialmente de su condena a sí mismos. En la medida en que nos humillemos, arrepentidos ante Dios, Él nos enaltecerá. Resucita a Magdalena y condena al fariseo. ¿No es este el evangelio?

Jonás llega a Nínive. Dios envía al profeta a anunciar: «Dentro de cuarenta días Nínive será destruida». En cambio, como veremos en el siguiente capítulo, la profecía no termina en nada. ¿Por qué entonces la profecía? Jonás sigue algo molesto por su misión: ¿Por qué fue enviado a condenar a una ciudad, si luego Dios se sale con la suya y repudia al profeta? Pero no es el hombre quien debe dar una buena impresión; el cumplimiento de la profecía es la gloria de Dios.

Y Dios se manifiesta como santidad que consume y destruye el pecado del hombre, pero también exalta y glorifica al pecador arrepentido. En el pecador arrepentido es Dios quien es glorificado, su santidad: en el reconocimiento de su nada y de su pecado, el hombre deja a Dios su gloria en el perdón que recibe.

Después de que el pez lo arroja de nuevo a la playa, Jonás va a Nínive y cumple su misión. La misión de la Iglesia también comienza precisamente con la resurrección de Jesucristo y la Iglesia la cumple al identificarse con Cristo; Cristo resucitado vive en la Iglesia y se hace presente como juicio y condenación del mundo. Pero Jesús se hace presente en su resurrección a través de la Iglesia, como condena del mundo, para salvarlo.

La presencia de Jesús y la salvación de toda la creación

De hecho, Jesús está presente precisamente para ejecutar el juicio. Jesús está presente para condenar nuestra pompa, nuestro deseo de ser alguien. Él, que es el Hijo, en la gloria de su resurrección, experimenta su eclipse total en presencia del Padre; en esta humilde presencia suya, ¿acaso no nos condena? Humildad de Jesús, silencio de Cristo. Él es vida, pero qué diferente de la nuestra: ante él estamos muertos, nuestra vida difiere mucho de la suya. Su presencia nos condena.

Si aceptamos esta condena reconociéndonos pecadores, humillándonos y pidiendo misericordia, entonces el Señor comienza a vivir en nosotros y nos salva. Pero, ¿qué salva la predicación evangélica? ¿Qué salva el anuncio del profeta Jonás? Todo. El mundo entero está condenado, pero también el mundo entero es salvado, en la palabra de Jonás.

Así como el pecado condena a la creación al castigo con el hombre, así toda la creación a través del hombre es llamada al arrepentimiento. El mandato del rey que quiere que todo animal ayune, se vista de saco y clame a Dios para que Él vuelva a tener pensamientos de paz puede hacernos sonreír.

De hecho, según los comentaristas del libro, quizás el autor inspirado quiera relatar fielmente lo que hacían los persas en sus ritos religiosos. La intención del autor, sin embargo, no me parece limitarse a describir lo que pudo saber sobre la vida religiosa de otros pueblos. No excluyo que probablemente se inspire en la realidad histórica, pero siempre la trasciende. Quiere, sobre todo, subrayar el arrepentimiento rápido y universal de toda una ciudad: desde el primero hasta el último de sus habitantes, para que también aquí parezca mayor el contraste entre el pueblo de Israel y las naciones. No solo un pequeño remanente de pobres, como en Israel, se salvó del castigo, como habían anunciado los profetas, sino toda una ciudad pagana, desde su rey, pasando por sus habitantes, hasta sus animales. Así como el arrepentimiento de la ciudad es universal, también lo será su salvación. Nadie se salva aquí, como Lot, porque deja la ciudad condenada a la ruina. Jonás abandonará la ciudad para querer ver su destrucción desde lejos, pero la única ruina que presenciará será la del ricino, a cuya sombra se había cobijado. Toda la ciudad permanece ante él, espléndida y viva.

Con mucha frecuencia, limitamos el mensaje evangélico solo a nuestra salvación, cuando es la salvación de toda la creación la que Cristo realiza. En el pecado del hombre toda la creación se volvió esclava del mal, y en la salvación del hombre toda la creación es renovada y salvada.

El abandono a Dios, que es misterio de amor

«Quién sabe –dice el rey–, tal vez Dios se arrepienta»... Se repite la escena descrita por el libro de Jeremías, que seguramente inspiró el libro de Jonás. Allí se lee el libro de los oráculos de Jeremías al rey de Judá, Joaquín, y Joaquín no escucha, sino que quema el rollo en el que están escritos los oráculos; aquí, en cambio, el rey de Nínive escucha y hace penitencia. Entonces, Dios se arrepiente ahora de la destrucción que anunció que haría y salva la ciudad.

Jeremías había dicho: «Tal vez el pueblo de Judá, al escuchar todas las calamidades que proyecto mandarles, se convierta de su mala conducta y yo pueda perdonarles sus crímenes y sus pecados» (Jer 36,3). En Jeremías el texto expresa la esperanza de Dios, en el libro de Jonás la esperanza del hombre. Dios permanece libre ante nosotros; no podemos atarlo. «Tal vez», dice el rey. El hombre se siente suspendido, no puede confiar en nada, ni siquiera en su arrepentimiento, sino en la única libertad del amor de Dios; el hombre nunca puede tener seguridad en sí mismo, su seguridad solo puede descansar en la libertad del amor infinito. Pero, ¿cómo tenemos seguridad en su libertad?

«Quién sabe, tal vez Dios se arrepienta»... Es este «quién sabe» el que salva la vida religiosa, porque si no existiera esta «duda», todo volvería a un designio de pura justicia. El hombre debe confiarse a un Dios que sigue siendo un misterio: pero sigue siendo un misterio de amor. Aunque nuestro corazón nos condene, Dios es mayor que nuestro corazón, escribe san Juan (cf 1Jn 3,20).

Este «quién sabe» abre el corazón a la esperanza; no lo angustia, no lo encierra en el terror, sino que lo expande en una esperanza viva. Dios es libre, pero es libre porque es amor; no libre porque te condena, sino libre porque, a pesar de todo, te ama; porque siempre te amará y su amor encontrará el modo de salvarte incluso contra tu voluntad. Ciertamente, no en el sentido de que Él te salvará aunque sigas siendo un pecador, sino que Él encontrará el modo para que dejes de serlo, para que tu voluntad se doblegue a aceptar su perdón, o más bien a invocarlo.

Para el cristiano que sabe que la libertad de Dios es solo una libertad de amor, la incertidumbre queda superada, la incertidumbre del hombre se transforma en perfecto abandono. Tu abandono no lo ata, más bien disuelve su amor.

«Al ver Dios lo que hacían y cómo se habían convertido de su mala conducta, tuvo compasión de ellos». ¿El arrepentimiento precede al perdón de Dios? Es porque Dios tiene misericordia de ti que te arrepientes. En definitiva, toda la historia, todas nuestras vidas, son un juego divino. El Señor juega: al final solo queda el amor de Dios. Él lucha contigo toda la noche y te vence por la mañana, cuando podría haberte vencido desde el principio. Dios es como un niño. Así lo vio el Maestro Eckhart en una visión: «Vi a un niño desnudo entrar en su habitación con las puertas cerradas. "¿Quién eres, de dónde vienes?"». Dios es un niño, como lo vio Claudel un día en París, en Notre-Dame.

Dios ni siquiera tiene un día, Él es la eterna juventud. Precisamente porque es un niño, le gusta jugar. ¡Qué desilusión para los hombres serios de la vida religiosa!... Él siempre deshace sus planes y los decepciona.

El Señor también nos pide esta infancia, porque la vida, en definitiva, no es más que un juego de amor. Él nos pide el arrepentimiento, pero es Él quien nos lo da primero. Incluso antes de que nos arrepintamos, Dios tiene compasión de nosotros. Cuando Jonás fue a Nínive, pensaba que iba a llevarles la condenación y, en cambio, Dios lo envió para llevarles la salvación. Detrás del profeta iracundo iba Dios, para una celebración del amor.

Así, Dios nos habla del amor en un lenguaje de ira y condenación; bajo el signo del reproche nos habla de amor.

«Tuvo compasión de ellos y no llevó a cabo el mal con el que los había amenazado». Lo había dicho, pero en cambio no lo hizo. ¿Lo había dicho en serio?... Dios, bajo la apariencia de la condenación, esconde un don de amor, te sumerge en un mar de amor, tanto que tú mismo, que incluso esperabas este amor, quedas desconcertado. Creo que los ninivitas, después, tal vez no creyeron en el amor de Dios. Verdaderamente este amor era incomprensible, extraño. Pero, ¿Dios los deja en paz? El castigo fue justo y es tan poco lo que les pidió. Dios ama así.

5
El resentimiento del profeta
y el juego de Dios
(Jon 4,1-11)

[1]Esto le sentó mal a Jonás; se enfadó mucho [2]y se encaró así con el Señor: «Ah, Señor, ¿no lo decía yo ya cuando estaba todavía en mi tierra? ¿Y no fue por esto por lo que me apresuré a ir a Tarsis? Yo sabía que tú eres un Dios clemente, misericordioso y paciente, lleno de compasión y pronto a arrepentirte de las amenazas. [3]Ahora, Señor, te suplico que me quites la vida, porque mejor es para mí morir que vivir». [4]El Señor le dijo: «¿Piensas que tienes razón al enfadarte?». [5]Jonás salió de la ciudad y se estableció al oriente de la misma, donde se hizo una cabaña y se sentó a su sombra hasta ver qué sucedía a la ciudad. [6]El Señor hizo brotar una

planta de ricino, que creció sobre Jonás para dar sombra a su cabeza y librarle así de una insolación. Jonás experimentó una gran alegría por aquel ricino. [7]Pero al día siguiente, al rayar el alba, el Señor mandó un gusano que picó el ricino, el cual se secó. [8]Al salir el sol, Dios mandó un viento sofocante del este, y el sol abrasador caía sobre la cabeza de Jonás, el cual, a punto de desvanecerse, se deseaba la muerte y decía: «Más vale morir que vivir». [9]Pero Dios dijo a Jonás: «¿Piensas que tienes razón al enfadarte por este ricino?». Él respondió: «Sí, tengo razón de enfadarme hasta la muerte». [10]El Señor le dijo: «Tú te enfadas por un ricino que no te ha costado fatiga alguna, que no has hecho tú crecer, que en una noche ha nacido y en una noche ha muerto, [11]¿y no voy a tener yo compasión de Nínive, en la que hay más de ciento veinte mil personas que no saben distinguir su derecha de su izquierda, y una gran cantidad de animales?».

El hombre y Dios

¡Qué *humor* tiene este inspirado libro! Es verdaderamente significativo que Dios también haya querido utilizar el *humor* para revelarse. Dice las cosas más serias con un lenguaje que parece de broma. De hecho, este mismo lenguaje se prestaba más que ningún otro a expresar tanto la grandeza del amor divino como la estrechez de miras del hombre. ¿De qué otra manera podría Dios haber hablado excepto condenando? Frente al egoísmo sórdido y estrecho de miras del hombre, ¿qué otra actitud cabría en Dios, que es misericordia, sino la de una broma? El Señor no nos toma en serio y es lo mejor que puede hacer para no comprometer nuestra salvación.

Que Dios no nos tome en serio es también una gran misericordia, puede ser el acto supremo de la misericordia de Dios. Si Dios hubiera usado un lenguaje más duro, Jonás habría sido condenado; Nínive no habría sido condenada, pero el profeta sí.

Sin embargo, Dios no lo toma en serio. El hombre que quiere medirse con Dios, que quiere oponerse a su gracia, que quiere enseñar a Dios sabiduría y no quiere comprender su amor, es muy mezquino, es un pobre hombre.

La lección principal de este capítulo es precisamente la revelación de este inmenso amor de Dios y la de la pobreza del hombre. Jonás es el instrumento de Dios, es el hombre que Él eligió; por lo tanto debería, más que cualquier otra cosa, ser santo. Pero incluso un profeta está tan lejos de Dios que parece totalmente opuesto a Él. El hombre y Dios. Dios es amor. De hecho, este capítulo anticipa el Nuevo Testamento quizás más que cualquier otra página del Antiguo. Dios ya dice las palabras que Jesús dirá en la cruz: «No saben lo que hacen». Dios disculpa el pecado del hombre, Dios no quiere ser ofendido por el hombre, no puede tolerar que nuestro pecado lo ofenda.

Dios nos disculpa. «¿Y no debería tener compasión de Nínive, en la que hay más de ciento veinte mil personas que no saben distinguir su derecha de su izquierda?». El hombre, ante el Señor, es tan pequeño, tan pobre, que verdaderamente no hay nada más grande que el amor que Dios le trae; lo grande, o más bien inmenso, no es más que su misericordia para con nosotros.

El hombre, a pesar de haber sido elegido por Dios como instrumento de actuación divina, sigue siendo egoísta, mezquino, intenta adaptar a Dios a sus propios puntos de vista y no puede soportar adaptarse él mismo a los puntos de vista de Dios. Quiere enseñar a Dios, y como Dios no quiere escuchar su lección, se resiente. Tengo motivos para resentirme. «Si estuvieras en mi lugar –parece decir Jonás–, tú tampoco permanecerías indiferente. Me enviaste a una ciudad para anunciar que en cuarenta días sería destruida y, luego, la dejaste como estaba. Entonces, podrías haberlo hecho sin enviarme. No me habrían arrojado al mar, no me habría tragado el pez... Podrías haber hecho lo que quisieras inmediatamente...». Los planes de Dios siempre superan las mezquindades humanas, siempre están más allá de toda predicción. Jonás es el hombre que no puede adaptarse a los planes de Dios.

La mezquindad del hombre

Sin embargo, Jonás lo esperaba: «Tú me envías, pero siempre he dicho que eres un Dios misericordioso, compasivo; me envías a condenarlos, pero luego lo haces a tu manera».

Jonás lo previó, pero hasta cierto punto; esperaba que esta vez Dios no le hiciera quedar mal, esperaba llevar a Dios más hacia él –el pobre hombre que había huido del Señor, que había resistido a su gracia–, que hacia los ciento veinte mil habitantes de la ciudad. Así, según Jonás, Dios, para evitarle ser mal visto, tenía que destruir a ciento veinte mil personas...

¿No es esta la actitud común del hombre? Nuestro egoísmo es tal que nos pone continuamente en la balanza: de un lado nuestro pequeño yo y del otro toda la gran masa de los hombres; y toleramos que todos los demás sean condenados, siempre y cuando nosotros seamos salvados. De hecho, lo que le importa a Jonás no es solo su salvación, sino también que Dios le evite que sea mal visto. Dios debe ahorrarnos hasta el más mínimo dolor, e inmediatamente encontramos justificación para el dolor de los demás y enseguida sabemos consolarnos, aunque creamos que tenemos mucha caridad. Sabemos encontrar todas las razones sobrenaturales por las que otros deberían aceptar sus desgracias. Y nos quejamos ante un pinchazo... Es el egoísmo de un profeta. ¡Cuánto mayor no será nuestro egoísmo!

Jonás no puede convencerse de que su venerada persona merezca tan poco ante el Señor. Se molestó con Dios, y Dios también tuvo misericordia de él, porque cargó con su rencor y lo dejó irse lejos de la ciudad. Pero Jonás, a pesar de todo, piensa que las sorpresas de Dios nunca son demasiadas. También puede ser que ahora pueda presenciar el espectáculo de una caída de fuego o la ruina de un bonito terremoto que arrasa. Y él se queda quieto y observa. Después de haber predicado tanto, también era mejor descansar un poco. Sería reconfortante ver un espectáculo así. Para apartarse de ese fuego y de esa destrucción, se aleja de la ciudad, pero no tanto como para no verla, como para no contemplar el castigo de sus hermanos. Él está allí, en una colina al este de la ciudad y Dios –cosa maravillosa– no solo no se ofende por esta estrechez de miras sino que, como Jonás quiere quedarse allí, también le prepara un ricino que le haga un poco de sombra. ¡Qué acto de bondad de parte de Dios, que ni siquiera permite que el profeta sufra por ese poquito de sol! Lo ama incluso en el momento mismo de su pecado, en su desamor, mientras espera el castigo de la ciudad.

La maravillosa misericordia de Dios hacia el hombre

Así Dios nos ayuda, está cerca de nosotros incluso cuando no solo nos resistimos a su gracia, cuando nos enojamos con Él, sino también cuando pecamos de verdad. Para Jonás hace crecer el ricino que en un día crece y se eleva para dar sombra al profeta. Qué hermoso fue para Jonás sentarse allí, a salvo, observando y descansando. Y el Señor juega con él, como juega con todos. Dios se divierte con nosotros y el suyo es un juego de amor. Al final no queda más que amor, amor por Jonás y amor por los demás; el uno y los otros pecadores: el pueblo de Israel representado por Jonás y los gentiles representados por Nínive. A todos los pecadores ante Él, y a todos por igual, los perdona. En un misterio de infinita misericordia, Dios responde al pecado del hombre solo con el perdón universal, solo con amor.

Dios se está divirtiendo. En el momento más hermoso, mientras Jonás espera el castigo, un gusano roe las raíces del ricino y se seca. Y el profeta ya no tiene sombra. Es cierto que si cayera fuego del cielo, los ninivitas tal vez estarían en peor situación que él, pero él mismo no puede soportar ni un poco de sol sobre su cabeza. Y lleva las cosas a lo trágico, como saben hacer los hombres cuando ya no pueden más. Y todos los días es la misma queja.

Jonás ya había dicho antes, incluso, que era mejor morir. Lo repite también ahora: «Más vale morir que vivir». ¿Todo lo que tienes que hacer es morir? Sí, es verdad, porque si realmente, en lugar de este egoísmo sórdido y estrecho de miras, tuvieras un poco de caridad en tu corazón, ¿cómo no podrías disfrutar viendo florecer aún la ciudad frente a ti? Solo la caridad es el origen de la alegría, solo la caridad nos hace aceptar nuestros dolores y que ni siquiera los sintamos.

El resentimiento del profeta contra Dios llega tan lejos que no puede soportar el bien de toda la ciudad, por ello pide su propia

muerte antes que ver salvada la ciudad ene-
miga. ¡Cómo, pues, debió desear la satis-
facción de presenciar la ruina inminente, si
ahora hay tanta indignación con Dios por el
perdón! Y a Dios, que quiere simplemente
llamarlo a ver las cosas, sin dramatizar, para
que él mismo se dé cuenta de su irracional
indignación, el profeta le responde que tiene razón al querer la muerte.

En estas últimas palabras de Jonás se expresa la amarga decepción de Israel. Dios
elige a Israel, pero la elección divina no
sirve de nada al elegido. Precisamente en
obediencia a la misión que ha recibido, Israel debe anunciar la ruina de sus enemigos,
para ver luego su salvación.

Sin embargo, tampoco es cierto que el
profeta esté condenado. Dios verdaderamente cumple su voluntad, pero la voluntad
de Dios no obedece a la esperanza del hombre; más bien, desconcierta sus planes y lo
decepciona. No porque la espera hubiera
sido demasiado larga; al contrario, porque
el hombre no había podido elevarse a Dios,

ampliar sus esperanzas según la medida del amor divino.

¿Pero cómo pudo haberlo hecho el hombre? Aunque Israel no podía entenderlo, la salvación de Nínive no fue, en realidad, la condenación de Israel. Para creer en su propia elección, Israel no necesitaba esperar la derrota de sus enemigos. Por el contrario, fue en su salvación que el propio Israel se salvaría (cf Rom 11).

Israel hubiera preferido algún día renunciar a su propia salvación, e incluso morir, antes que admitir la salvación de sus enemigos. Sin embargo, Dios no escuchará a Israel: Israel no morirá, sino que tendrá que aprender una lección de Dios.

«Más vale morir que vivir», le dice Jonás a Dios. Y Dios le responde. No había respondido antes, al menos en tono directo, pero ahora responde. Y la respuesta que Dios da a Israel es la respuesta que Él quizás da a muchos cristianos: «Tú te quejas de las cosas más pequeñas, quieres que me apiade de ti por un pequeño dolor, ¿y pretendes que no me compadezca, porque no te atañe, por el mal de toda esta humanidad que no sabe?».

¡Cuántas veces también el cristiano será condenado! Cuántas veces escuchamos estruendos diciendo que todos «los demás» son condenados, que todos «los demás» van al infierno. ¿Quiénes son «los demás»? En la medida en que te separas de ellos, ¿no estás, más bien, tú mismo en pecado? Esta es nuestra actitud, y es verdaderamente doloroso que nos parezcamos tanto a Jonás. En Jonás no solo está representado Israel, sino todo hombre. Somos este Jonás mezquino, egoísta, duro con sus hermanos, que exige todo para sí, que cree tener todos los derechos ante Dios, y no concede ninguno a los demás hombres; somos este Jonás que quiere tener toda la atención de Dios para sí y no admite que Dios puede perdonar a multitudes inmensas, puede salvarlas de la muerte y de la ruina.

¡Tendríamos mucho que meditar sobre estos capítulos del libro de Jonás! Libro pequeño, uno de los más breves de las Sagradas Escrituras, pero quizás el más amplio, al menos de todo el Antiguo Testamento, porque no es solo el destino de Israel el que está representado en estas páginas, sino el de toda la humanidad en su relación con Dios; el contraste, es decir, en la historia de los hombres, entre el hombre y Dios, que viven el mismo misterio, que juntos realizan el mismo misterio, está el misterio de la salvación del mundo. Pero el hombre lo hace a regañadientes: primero quiere escapar de la misión y, cuando lo hace, lo hace con la secreta esperanza de que a su predicación le seguirá la condena. Lo hacen juntos, pero el hombre lo hace como hombre y Dios como Dios.

Conclusión

Brevedad del libro y su valor en la economía de la salvación

La enseñanza del libro es enorme, aunque sus páginas sean pocas. Es precisamente lo que más nos sorprende: la brevedad del libro y el valor que tiene en la economía de la revelación divina. Otros libros, mucho más largos, más serios, han sido muy poco comentados en la historia del cristianismo y muchos otros libros del Antiguo Testamento han sido casi ignorados por el Nuevo.

El libro de Jonás, sin embargo, siempre ha sido un libro particularmente querido por la tradición cristiana. Los Padres lo han comentado, los artistas se han inspirado a menudo en esta historia tan extraña y tan sutilmente alegre. Pero antes que los Padres, antes que los artistas, el mismo Jesús se refirió expresamente a este libro divino. La conversión y la salvación del mundo, que eran fruto de su divina misión, habían sido anunciadas de la forma más clara y solemne en este breve libro. Y es el profeta Jonás, más que cualquier gran figura del Antiguo Testamento, quien anuncia la muerte y la resurrección de Cristo.

En este libro se realiza lo que escribió Dionisio el místico: cuanto más elevada es la revelación del misterio de Dios, más simple y pura se vuelve la palabra, más breve se vuelve el anuncio.

Uno de los libros más breves del Antiguo Testamento es también uno de los más ricos, de los más luminosos y transparentes en su doctrina profética y sapiencial.

La profecía de la condena se cumple en una salvación

Quizás la mayor enseñanza del libro de Jonás sea la que nos llega del contraste con otros libros inspirados. ¡Qué desconcertantes son para el hombre la Palabra y la conducta de Dios! El hombre nunca podrá pretender captar, tomar posesión de su sabiduría y de su voluntad. Él sigue siendo libre, infinitamente libre y siempre encuentra la manera de escapar de ti cuando crees que lo tienes en tus manos. La única actitud religiosa del hombre es pura humildad y abandono.

En un tiempo en el que Israel se encerraba más ferozmente en sí mismo, consciente de su propia elección, y para permanecer fiel al Dios de la ley y la alianza rompía todos los vínculos con los otros pueblos que lo habían oprimido y herido de muerte, Dios parecía haberse divertido de ello. Con sus oráculos contra las naciones, Ezequiel había anunciado su fin, su destrucción, en vista del triunfo definitivo del pueblo elegido. Después de su regreso del exilio, Esdras decretó duramente la expulsión de todas las mujeres de otras razas con las que se habían casado los israelitas. Y Dios, que también había inspirado a Ezequiel y bendecido la acción del gran escriba que restauró la nación, ahora inspiró el delicioso libro de Rut, que exaltaba a una mujer extranjera que había elegido al Dios de Israel como su Dios y se convertiría en la raíz misma de la que nacería el Mesías, la esperanza de la nación; pero sobre todo inspiró al desconocido autor del libro de Jonás, que incluso podía permitirse el lujo de desacreditar, y en todo caso burlarse del gran profeta del judaísmo, el profeta de la restauración nacional. De hecho, no hay duda de que el libro de Jonás tiene una relación muy estrecha con el libro de Ezequiel. A lo largo del breve libro, el autor inspirado parece apuntar específicamente al vidente de Quebar.

La condena de Nínive tal vez no sea otra cosa que la condena y el fin anunciado por Ezequiel para Tiro. Tiro no será destruida.

Nabucodonosor, después de doce años de asedio, tuvo que desistir de conquistar la ciudad. La referencia a la profecía de Ezequiel es transparente, también por la presencia en el libro de Jonás del barco sacudido furiosamente por la tormenta y que no es tragado por las aguas.

¡Qué decepción y qué fuente de confusión debe haber sido para Israel el incumplimiento de la profecía! ¿Qué significó todo esto? Según el profeta Jeremías, la profecía de la desgracia nunca es absoluta, sino condicional. Sin embargo, en el caso de Tiro no se puede decir que la destrucción se haya evitado gracias a una conversión de la ciudad. ¿Y entonces?

El precio de la salvación es, sin embargo, una muerte

El barco espléndido no se hundió en las profundidades del mar, como había profetizado Ezequiel, sino que el profeta de Dios fue tragado por las aguas, fue sumergido. Israel pagó por Tiro, pagó por el pueblo.

Me parece que el libro de Jonás con Jeremías no solo afirma que la profecía de condenación es condicional, sino que más secretamente también enseña que el peso del pecado del mundo ha sido cargado sobre Israel para la redención de todos. ¿Podemos ser más precisos y decir que el autor inspirado vio exactamente en la destrucción de Jerusalén y la deportación el precio que Israel pagó por la salvación de las naciones?

Ahora Israel se había levantado, había regresado a su tierra. Pero la deportación, al estar así mezclado entre los pueblos de la tierra, le había dado una conciencia más aguda de su solidaridad universal. Israel ahora se sentía ligado a las naciones. Sentía más profundamente que antes que, inseparable de ellas, había sido elegido por Dios para ellas.

¿Pero estaban realmente seguras las naciones? El libro sigue siendo profético. Precisamente por esto, más que sobre todo a

Israel, el libro atribuye a un solo hombre, el profeta, la responsabilidad de una misión y de la salvación de Nínive y, en Nínive, de las naciones.

El pecado de las naciones pesa solo sobre el profeta, que es como el «siervo de Yavé». La profecía de Deuteroisaías sobre el siervo de Yavé está presente en este libro. Jonás, también en esto, es figura de Cristo: no solo por su predicación se salva Nínive del exterminio, sino también por su muerte y resurrección, por su angustia, por su pasión cuando lo abruman las olas de todas las tribulaciones que lo sumergieron. Solo con la pasión de Jonás, sumergido en el mar, tragado por el pez, el barco y los marineros se salvan.

Por supuesto, se puede decir que no hay ninguna mención explícita de que la pasión de Jonás tenga un valor redentor, pero implícitamente sí. Israel no es separable de las naciones, incluso el pueblo santo navega con todos los pueblos de la tierra en un mismo barco, por el mismo mar agitado. Y es el precio que paga Israel, el que paga el profeta de Dios, al ser él mismo, presa de la furia de las olas, el que salva el barco y a los marineros.

Quizás sea solo en la conciencia mesiánica de Jesús que la figura del profeta Jonás se une a la figura profética del siervo de Yavé del Deuteroisaías. Pero esto ya es suficiente e incluso necesario, si solo «el Cordero» tiene el poder de leer el misterioso libro de las Escrituras. De hecho, la profecía de Jonás no tiene todo su significado en el Evangelio solo por los tres días en que el profeta permaneció sepultado en el vientre del pez, sino aún más por la salvación de las naciones, que depende de él. Y el libro de Jonás hace depender expresamente la salvación del barco del abandono voluntario del profeta al poder de la muerte.

La gran ciudad de Nínive es una copia de Tiro, así como el barco es una imagen de Dios y de las naciones, destinadas a la ruina. A través de una narración continua parece que queremos enseñar una sola cosa: la salvación del mundo pagano a través de Israel. Pero Israel lleva a cabo su misión en favor de las naciones a través del profeta Jonás, figura de Cristo. Es profeta de las naciones como Jeremías, como el «siervo de Yavé», y como Jeremías y el «siervo de Yavé» las salva con la predicación, llamando a la penitencia; las salva sobre todo con su pasión y su muerte.

No queremos utilizar los textos; son los textos mismos los que invenciblemente requieren la memoria tanto de los antiguos profetas como de los textos principales del Nuevo Testamento.

Por tanto, pocos libros como el libro de Jonás se encuentran entre los dos Testamentos.

¿Es excesivo ver en el lamento de Jonás, al final del libro, cómo la salvación de las naciones provoca los celos y el rencor de Israel, según escribió más tarde san Pablo en la Carta a los romanos? Si no podemos excluir esta interpretación es simplemente porque Jonás, antes de ser figura de Cristo, es la personificación del propio Israel.

La ambigüedad del libro

¿Jonás huye de Dios o responde a su misión? ¿Es Jonás un símbolo de todo Israel o una figura de Cristo? Puede parecer extraño, pero no hay alternativa: Jonás al mismo tiempo huye de Dios y cumple su misión; es símbolo de todo Israel y figura de Cristo.

Como símbolo de Israel, manifiesta la resistencia y la repugnancia de Israel a responder a su misión; como figura de Cristo, la lleva a cabo pagando con «su pasión» el pecado de las naciones y obteniendo su salvación. No hay alternativa. Jesús de Nazaret no combate con Dios, no intenta escapar de su misión ni se resiente de Dios por la salvación de las naciones y, sin embargo, él, el siervo de Yavé, es verdaderamente solidario con su pueblo, es aquel en quien solo la vocación de Israel encuentra su cumplimiento.

Pero, ¿cómo podría Israel cumplir verdaderamente su misión si en él este cumplimiento no fuera un acto de suprema libertad en el amor? Dios puede llevar a cabo sus planes utilizando al hombre incluso contra su voluntad, pero no es así como realmente los lleva a cabo. Israel solo realizará su vocación en una obediencia amorosa a la voluntad de Dios, que lo eligió; en la obediencia de Jesús, que el libro de Jonás parece prever en el consentimiento del profeta a ser arrojado al mar: «Agarradme y tiradme al mar, y este se calmará, porque sé bien que por culpa mía os ha sobrevenido esta borrasca».

La salvación es universal

El libro de Jonás, frente a un judaísmo cada vez más cerrado en sí mismo, se sirve de la gran lección de los profetas y cierra el profetismo de Israel.

En los últimos libros sagrados de Israel, la inspiración sabia se une a la inspiración profética en historias que utilizan un trasfondo más o menos histórico para la última lección de Dios. Los libros de Tobías, Ester, Judit y Job se acercan más al libro de Jonás que este a los libros de los antiguos profetas. Y, sin embargo, la tradición judía y cristiana no se equivocó al incluir el libro de Jonás entre los libros proféticos. El universalismo de los profetas tiene en este libro su máxima y más alta expresión no solo por la misión del profeta Jonás, sino también por el espíritu que anima el libro mismo. ¡Qué generosidad expresa respecto de las naciones paganas!

Los marineros demuestran un temor religioso a Dios, un respeto por el profeta que se debe enseñar al propio pueblo de Israel. Así, el rey de Nínive y los habitantes de la ciudad escuchan dócilmente el mensaje de Dios y hacen la penitencia que Israel siempre había rechazado.

Entonces, ¿enseñan las naciones paganas a Israel? Esta es también una enseñanza del libro y ciertamente no es la más insignificante. Si las naciones desprecian a Israel, Israel les corresponde con un desprecio que tal vez sea aún mayor. Pero en esto también el libro de Jonás anticipa el Nuevo Testamento y nos hace prever las palabras de Jesús que exaltan la fe de los pueblos paganos. Escuchan a Dios, mientras que Israel no escucha. ¡Qué inconcebible es la pretensión de Israel de ver su propia salvación en el castigo de las naciones!

Ni siquiera la mezquindad del profeta provoca la ira de Dios: Dios no rechaza a Israel, pero mucho menos condena a las naciones. En realidad, el libro de Jonás es el libro de la revelación de un amor infinito, que se extiende a toda criatura. Dios verdaderamente quiere y realiza la salvación universal. El día de Yavé ya no es un día de terror, sino el día de la paz.

Índice